Un héros silencieux

Un héros silencieux

George Shea

Traduit de l'anglais par Nicole Ferron

EH Héritage jeunesse

Données de catalogage avant publication (Canada)

Shea, George
Un héros silencieux

(Incroyable mais vrai !)
Traduction de : The Silent Hero.

ISBN 2-7625-7905-8
1. Pierre, 1926 ou 7. - Ouvrages pour la jeunesse. 2. Guerre, 1939-1945
(Mondiale, 2ᵉ) - France - Ouvrages pour la jeunesse. 3. Enfants - France -
Biographies - Ouvrages pour la jeunesse. I. Titre. II. Collection.
D810.C4S4314 1995   j940.53'44'092   C95-940041-9

The Silent Hero
Texte copyright © 1994 George Shea
Publié par Random House, Inc., New York

Version française
© Les éditions Héritage inc. 1995
Tous droits réservés

Dépôts légaux : 1ᵉʳ trimestre 1995
Bibliothèque nationale du Québec
Bibliothèque nationale du Canada

ISBN : 2-7625-7905-8
Imprimé au Canada

LES ÉDITIONS HÉRITAGE INC.
300, rue Arran, Saint-Lambert (Québec) J4R 1K5
(514) 875-0327

*À Helene Mochedlover,
de la bibliothèque
municipale de Los Angeles,
et à tous les autres
bibliothécaires attentifs.*

Chapitre 1

Le garçon aux yeux perçants

France. Décembre 1940. Tout est sombre. Pierre n'arrive pas à se rappeler une nuit aussi noire.

Il se penche à la fenêtre de sa chambre, essayant d'apercevoir les avions. Il regarde à l'ouest, vers la côte de Normandie, puis au nord, vers la ligne sombre de la forêt. Mais des nuages épais lui bloquent la vue.

D'après les vibrations de l'appui de la fenêtre, il sait que les avions britanniques bombardent à quelques kilomètres de là et que le feu nourri des mitraillettes allemandes leur répond.

Mais il n'entend rien, ni les avions, ni les bombes, ni les fusils. Pierre est sourd-muet. Depuis sa naissance, il n'a jamais prononcé ni entendu un mot.

Les autres enfants du village rient de lui et l'appellent le « pauvre Pierre ». Ils le poursuivent et lui jouent des tours.

Mais la nature lui a fait don d'une vue très aiguë — son instituteur affirme même qu'il voit à travers les objets — et d'un sens troublant de l'orientation.

Au moment où l'horloge de la cuisine sonne la demie, Marguerite, la grand-tante de Pierre, entre dans la chambrette. C'est une petite femme nerveuse, mais d'une loyauté sans bornes envers sa famille et ses amis.

Marguerite écoute le bruit des avions et le feu des mitraillettes allemandes. Elle pointe son doigt en direction du combat pour Pierre. Ensemble, ils observent attentivement le ciel. Ce n'est pas la première fois qu'ils font cela.

Depuis six mois déjà, ils supportent l'occupation de la France par les Allemands. Adolf Hitler est alors à la tête de l'Allemagne et les Nazis veulent envahir le monde. Sous la conduite de leur chef, ils ont déjà conquis une grande partie de l'Europe.

Puis, en ce terrible printemps 1940, les Allemands ont envahi la France, occupant sa merveilleuse capitale, Paris. Maintenant, presque toute la France, y compris les trois cents villageois de Sainte-Claire, se retrouvent sous la botte des Nazis.

Les Allemands ont décidé de construire une piste d'atterrissage dans les champs environnant Sainte-Claire. Comme le village est situé près de la côte et non loin de l'Angleterre, qu'ils ont déjà commencé à attaquer, les avions nazis n'auront pas de mal à traverser la Manche pour atteindre leur but.

Sainte-Claire a déjà été un charmant village, mais les Allemands lui ont enlevé toute vie. On a ordonné aux fermiers de céder une grande partie de leurs produits — fruits, légumes, fromages — aux Nazis. Les soldats patrouillent les rues et surveillent les villageois.

Les jours sont sinistres et les nuits, pires encore. Le couvre-feu est strict : chacun doit être rentré à la maison à vingt heures. Quiconque est attrapé dehors après vingt-trois heures est arrêté et parfois même fusillé.

Il n'y a pas grand-chose à faire, mais les gens se battent à leur façon. Quelquefois, les fermiers offrent aux Nazis leurs produits les moins beaux ou leur servent de la nourriture mal apprêtée. Ils prétendent toujours ne pas comprendre les ordres des Allemands.

Marguerite déteste les Allemands plus que personne d'autre au village ; ils sont responsables de la mort de tous les hommes de sa famille, incluant le père de Pierre. La mère du garçon est décédée alors qu'il était tout jeune.

Pendant que Marguerite et Pierre cherchent à voir le ciel tout noir, les nuages s'estompent. Des projecteurs balaient l'espace et, en une fraction de seconde, Pierre peut voir un minuscule éclair traverser le ciel. Une seule possibilité : un avion britannique a été abattu ! En flammes, il plonge vers le sol.

Pierre aperçoit ensuite autre chose : une forme ronde et blanche se détachant dans le noir. Le parachute du pilote s'est ouvert ! Il flotte vers les bois.

« Il ne peut pas être loin, pense Pierre. Peut-être à deux kilomètres. » Il tire la manche de sa grand-tante et pointe le ciel.

Marguerite secoue la tête ; elle ne voit pas le parachute. Pierre s'adresse à elle par signes, ses doigts s'agitant devant lui.

— Vas-y, fait Marguerite. Va et trouve le pilote. Ramène-le ici.

Pierre enfile sa vieille veste de laine et son béret brun avant de sortir à toute allure. Il doit vite trouver le pilote. Si les Allemands ont aperçu le parachute, ils vont envoyer des soldats, et leurs chiens les conduiront droit à l'ennemi.

Pierre court le long du sentier qui traverse un pré avant d'arriver aux bois sombres. Il regarde autour de lui tout en courant. Il n'entendrait pas quelqu'un qui surgirait derrière lui.

Son cœur cogne dans sa poitrine. Il sait de quoi les Nazis sont capables s'ils le prennent en train d'aider le pilote.

Mais il a un avantage sur eux : il connaît la campagne aussi bien que le petit chemin de pierres qui mène à sa maison. Il reconnaît chaque creux dans la terre, et chaque pente qui devient glissante après la pluie. Il les reconnaît aussi bien la nuit que le jour.

Pierre est petit mais fort et rapide pour ses treize ans. Sa vue perçante n'a pas de prix pour certaines personnes du village — les gens qui travaillent secrètement à se débarrasser des Allemands.

Certains des villageois ont formé un réseau clandestin de combattants connu sous le nom de Résistance. Ce ne sont pas des soldats entraînés mais des gens ordinaires : fermiers et instituteur, mères et enfants. Pierre en connaît quelques-uns mais pas tous.

Les dirigeants de la Résistance ont souvent envoyé Pierre en mission après le couvre-feu. Il a un flair exceptionnel pour retrouver les colis que les avions britanniques laissent tomber. Sa vue est si bonne que même par les nuits les plus noires, il peut repérer l'éclat du métal à dix mètres et apercevoir les contours d'un paquet retenu dans les hautes branches d'un arbre.

Mais cette fois, il ne s'agit ni d'un colis ni d'un message. Il s'agit d'un pilote britannique !

Pierre s'arrête dans l'ombre et fouille le ciel des yeux pour trouver le parachute. Là, juste au-dessus des arbres! S'il fallait que les Allemands arrivent avant lui.

Haut dans le ciel, le pilote Jim Rush tombe lentement vers la terre. Lorsqu'il regarde en bas, il ne voit que du noir. Il n'a aucune idée de l'endroit où il atterrira.

L'Américain est un grand maigre de trente ans, natif de Trenton, au New Jersey. L'Amérique n'est pas encore en guerre, mais peu lui importe. Rush aime la liberté et déteste Hitler et les Nazis.

Lorsque Hitler a commencé à envahir l'Europe, Rush est parti pour l'Angleterre. Il s'est joint à la RAF: la *Royal Air Force*.

Lors de cette froide nuit de décembre, l'escadron d'avions de combat de Rush a été envoyé pour détruire l'aérodrome allemand près du village de Pierre. Rush s'en retournait en Angleterre lorsque le ciel s'est dégagé et, du même coup, a révélé sa position. Une fraction de seconde plus tard, son avion était touché.

Rush a sauté et tiré la corde de son

parachute. Puis il a entendu l'explosion de son avion qui s'écrasait plus loin. Il a retenu sa respiration et prié pendant que son parachute s'approchait du sol.

Ses amis pilotes lui ont conseillé de prendre garde à ne pas se faire descendre derrière les lignes ennemies. Il ne veut même pas imaginer ce qui l'attend en bas.

Il frappe soudain quelque chose et ses jambes plient sous son corps. Il roule sur le sol et sent de la terre et de l'herbe. Chanceux, il vient d'atterrir dans une clairière, au milieu de la forêt.

Mais son grand parachute blanc ressemble à un phare dans la nuit. Si les Allemands le repèrent, ils connaîtront exactement sa position. Il doit l'enterrer !

Rush se précipite sur le parachute et le tire vers lui. Il prend ensuite une branche avec laquelle il se met à creuser.

Il entend, plus loin, le bruit d'un moteur. Une voiture ou peut-être un camion allemand. Il perçoit soudain un autre bruit. Un craquement de feuilles mortes, tout près. Quelque chose, ou quelqu'un, est là, à quelques mètres.

Un animal sauvage ? Un soldat allemand ? C'est trop sombre pour voir. Rush
se couche par terre et pointe son arme dans
la direction du bruit. Il attend, mais n'entend plus rien que le sifflement du vent
dans les arbres et le bruit du moteur se rap-
prochant.

Il tient son arme prête, le cœur battant.
Devrait-il tenter sa chance et courir ? Re-
tenant son souffle, Rush prend sa lampe de
poche et l'allume.

Au début, il ne voit rien. Puis, son
cœur s'arrête de battre. Un petit garçon en
veste de laine usée et coiffé d'un béret se
tient au bord de la clairière, l'observant silencieusement. Rush lève son arme et pose
son doigt sur la détente.

Chapitre 2

La pièce secrète

Le vent souffle à travers les arbres. Rush tient fermement son arme. Qui est ce garçon ? Un informateur allemand ? Devrait-il attendre pour le découvrir ?

Soudain, le moteur s'arrête. Des chiens jappent et des hommes se mettent à crier en allemand. Rush a attendu trop longtemps. Les Allemands sont là !

Il saute sur ses pieds et se retourne. Nulle part où aller ou se cacher.

Au même instant, le garçon met son doigt sur ses lèvres et s'avance. Il s'agenouille alors, tire un couteau de sa poche et commence à taillader le parachute. Rush le regarde un moment, puis s'accroupit près de lui tout en gardant son arme à la main.

Pour Rush, le garçon peut tout aussi bien travailler pour les Allemands. Il essaie peut-être de gagner sa confiance avant de le conduire jusqu'à eux. Les Allemands offrent de grosses récompenses aux villageois qui aident à capturer des pilotes ennemis.

Ensemble, Rush et le garçon découpent et enterrent le parachute. Les voix des Allemands et les jappements des chiens s'éloignent. On dirait qu'ils changent de direction.

— Qui es-tu ? chuchote Rush au garçon qui ne répond pas.

Il répète sa question en français, mais il n'obtient pas plus de réponse.

Pierre égalise la terre sur le parachute enterré, puis il attrape la main de Rush. Ce dernier doit lui faire confiance, il n'a pas le choix. Il suit Pierre entre les arbres noirs.

Le garçon ralentit en approchant du bois. Devant s'étire la route du village, le moyen le plus rapide d'arriver chez lui. C'est aussi l'endroit idéal pour tomber sur des Nazis.

Pierre tire la manche de Rush et lui fait traverser la route. Ils s'accroupissent derrière une haie et regardent autour d'eux. Rush dévisage le garçon, tout concentré.

— Qui es-tu ? demande-t-il en français. Où m'emmènes-tu ?

Aucune réponse. Rush attrape Pierre et le secoue rudement.

— Qu'est-ce que tu fais ici ? demande-t-il.

Soudain, un moteur ronronne et une lumière puissante illumine le ciel. La nuit s'éclaire comme en plein jour. Une voiture équipée d'un gros projecteur arrive droit sur eux !

Ils se jettent par terre et enfoncent leur visage dans la poussière. La voiture s'arrête à environ cinquante mètres et deux soldats allemands en descendent.

— Je jurerais avoir vu une ombre traverser la rue, dit l'un d'eux. Là, fais de la lumière dans ces arbres. Regarde si tu vois quelque chose.

Le projecteur balaie lentement le sol en direction de Pierre et du pilote. Ces derniers n'osent pas bouger. Lorsque le faisceau de lumière repasse sur eux et s'éloigne enfin, Rush pousse un soupir de soulagement.

Le soldat lève son pistolet, un Luger.

— Viens, dit-il. Allons voir ce champ.

Rush jette un regard à travers la haie. Le Nazi vient droit sur eux !

— Tu perds ton temps, lance l'autre Allemand en montant dans la voiture. Il est mort ou...

— Chut ! Écoute !

— Je n'entends rien. Laisse les autres le retrouver... s'il est toujours vivant. Il n'ira pas loin de toute façon.

Quelques instants plus tard, la voiture s'éloigne dans un crissement de pneus.

Rush s'assoit lentement. Ce garçon est donc de son côté puisqu'il ne l'a pas dénoncé à l'ennemi.

— Merci, dit-il en français à Pierre en lui serrant la main.

Pierre sourit puis le conduit à travers champs. Rush doit le suivre de près, car il fait très noir. Mais Pierre a le pied aussi sûr qu'une chèvre de montagne. Il trouve facilement son chemin dans les champs pentus.

Pierre s'arrête à la limite d'une rangée de pins ; il touche le cadran lumineux de la montre du pilote, puis lève deux doigts avant de partir seul dans le noir.

« Que signifie ce geste ? se demande Rush. Deux minutes ? Deux heures ? » Peu après, le pilote entend qu'on lance des cailloux contre un carreau.

Il perçoit ensuite le craquement d'une porte qu'on ouvre. Pierre revient aussitôt et conduit Rush à un petit hangar en bois où il le fait entrer.

Une vieille femme est agenouillée sur le plancher, une lanterne allumée à son côté. Elle regarde entrer Pierre et Rush.

— Je m'appelle Marguerite, dit-elle en anglais.

Elle pousse un tas de terre sur le côté, déplace quelques bûches et une couple de planches. Une échelle descend dans un trou à même la terre.

— Venez avec moi. Nous sommes des amis.

Marguerite attrape la lanterne et descend les barreaux. Pierre verrouille ensuite la porte du hangar, et lui et le pilote la suivent.

En bas se trouve une pièce minuscule aux murs et au plancher de terre. Un lit flanqué d'une petite table de chevet est appuyé contre un des murs.

Pierre a aidé à creuser cette pièce. À présent, il regarde autour de lui et se demande si elle est vraiment aussi secrète qu'il le croyait. Marguerite allume une bougie.

— Parlez-vous français ? demande-t-elle au pilote.

— Pas beaucoup, répond Rush, mais je le comprends assez bien.

— Parfait, reprend-elle. Vous serez en sécurité ici. Nous allons essayer de trouver un moyen de vous renvoyer en Angleterre. Nous faisons partie de la Résistance.

Un grand sourire éclaire le visage de Rush. Il connaît la Résistance et les exploits de ceux qui en font partie. Ces gens recueillent des pilotes qui, comme lui, ont été descendus par les Nazis. Ils versent du sable dans les réservoirs des camions allemands de sorte que les moteurs s'arrêtent de tourner. Ils font sortir des informations secrètes à l'usage des Britanniques.

Il sait aussi que les membres de la Résistance sont toujours en grand danger. Si on les attrape, ils peuvent être torturés et même tués.

— Ce garçon... fait Rush en pointant Pierre du doigt.

— Il fait aussi partie de la Résistance, répond vivement Marguerite. C'est mon neveu, Pierre. Il ne peut ni parler ni entendre.

Rush se sent tout à coup très honteux. Il regrette de s'être fâché contre Pierre.

— Pouvez-vous lui dire que je suis désolé ? Je ne savais pas, explique-t-il. Je m'appelle Jim Rush ; je suis américain et je combats les Nazis aux côtés des Anglais.

Marguerite se tourne vers Pierre et lui traduit en signes les paroles du pilote.

Un Américain ! Pierre hoche vivement la tête. Il n'a jamais rencontré d'Américains avant aujourd'hui ! Rush sourit et tend la main à Pierre qui la serre avec empressement. Ils rient ensuite, soulagés d'être saufs.

— Je suis certaine que vous êtes affamé, dit Marguerite au pilote tout en remontant l'échelle pour aller chercher de quoi manger à la maison.

Rush fouille dans sa poche et en sort un paquet carré enveloppé de papier brun qu'il tend à Pierre.

Ce dernier n'en croit pas ses yeux. Une tablette de chocolat ! Il n'y a pas beaucoup de friandises au village depuis le printemps. Même la nourriture quotidienne comme le beurre et la viande fait défaut.

Pierre détache un morceau de chocolat et l'offre au pilote qui sourit en secouant la tête. Il le laisse à Pierre.

Pierre dépose lentement le chocolat dans sa bouche et lèche les miettes collées à ses doigts. Il ferme ensuite les yeux et mâche lentement. Jamais il n'a mangé quelque chose d'aussi bon.

Lorsque Marguerite revient avec du pain et du fromage, elle rit de voir Pierre tout absorbé par la friandise.

— Merci, dit-elle à Rush avant de se tourner vers son neveu. Ne le mange pas tout d'un coup, l'avertit-elle par signes, et ne le montre à personne. On voudra savoir d'où il vient. En fait, tu devrais me le laisser, ajoute-t-elle en tendant la main.

Pierre prend une autre bouchée et lui donne le chocolat.

— Nous ferons des plans demain, dit-elle au pilote. Quel est votre numéro d'identité ? La Résistance en aura besoin.

Rush lui montre une carte d'identité comme tous les pilotes de la RAF en possèdent. À la lumière de la bougie, il lit les chiffres à haute voix :

— 3-4-7-1.

— Parfait, dit Marguerite en répétant les chiffres à Pierre. C'est important que tu te rappelles ce nombre, lui explique-t-elle. Ma mémoire n'est pas aussi bonne qu'avant. Tu dois t'en rappeler. Répète-le jusqu'à ce que tu le saches par cœur.

Pierre hoche la tête.

— Vous devez dormir maintenant, dit-elle au pilote.

Il n'y a aucun chauffage dans la cave, mais une grosse pile de couvertures de laine attendent le pilote sur le lit. Il n'aura pas froid.

— Bonne nuit, lui souhaite Marguerite avant de grimper à l'échelle.

Pierre fait le V de la victoire en soulevant son index et son majeur. C'est le symbole de la Résistance et de sa lutte contre les Allemands.

Rush sourit et lui répond par le même signe.

Pierre grimpe à l'échelle à son tour. Il replace soigneusement les planches et les rondins sur l'ouverture secrète.

De retour dans la petite maison, Marguerite met le chocolat dans un tiroir pendant que Pierre se répète les chiffres du numéro d'identité de Rush :

« 3-4-7-1, 3-4-7-1... »

— Tu as très bien agi ce soir, lui dit Marguerite. Tu as été très brave. Ton père et ta mère seraient fiers de toi. Va te coucher maintenant, ajoute-t-elle en l'embrassant. Puis, avec un clin d'œil : je vais faire un peu de... repassage.

Pierre sait ce que ça signifie. Marguerite n'utilise pas son fer pour repasser des vêtements, car ce n'est pas un vrai fer à repasser. Il est creux et contient une radio.

Les Nazis ne veulent pas que les Français se servent de radios à ondes courtes pour écouter les nouvelles des Alliés : les pays qui ont uni leurs forces pour combattre les Allemands. Ils ne veulent surtout pas que les Français envoient des indications sur le mouvement des troupes allemandes aux Alliés.

Marguerite attend la nuit avant de se servir de la radio. Le volume au plus bas, elle synthonise l'émission de Londres.

— Ce soir, annonce une voix, la RAF a bombardé un terrain d'aviation allemand en France. Plusieurs avions allemands ont été détruits. Un seul avion britannique a été abattu...

En haut, Pierre est étendu dans le noir, s'inquiétant du sort du pilote. Quelqu'un les a-t-il vus ? Ont-ils laissé des traces ? Ce ne sont pas tous les habitants du village qui acceptent d'aider la Résistance. Certains, comme ce voyou d'André Moulet, sont même devenus collaborateurs des Nazis.

Pierre se lève et va à la fenêtre. Est-ce un éclair de lumière au loin ? Il fouille la nuit des yeux. Non, ce n'est qu'une famille de renards qui file vers le bois.

Pierre retourne se coucher. On dirait que les Allemands ont arrêté leurs recherches pour la nuit. Mais Pierre le sait, au matin, ils sortiront de nouveau avec leurs chiens, leurs camions et leurs fusils.

Chapitre 3

Une visite de l'ennemi

Le jour suivant se lève, clair et froid. Une couche de givre recouvre le pré. Très tôt, Pierre s'éveille en sursaut.

« Qu'est-ce qui ne va pas ? », se demande-t-il en regardant autour de lui. Il se rappelle soudain : le pilote américain caché dans la cave secrète, sous le hangar. Pierre s'habille en vitesse et descend.

Marguerite épluche des pommes de terre pour la journée. Le fer à repasser a retrouvé sa place, près du poêle à bois. Pierre a-t-il rêvé ?

Mais lorsqu'il s'assoit à la table en bois, Marguerite se tourne vers lui.

— Nous devons être très prudents, lui

explique-t-elle par signes. Il ne faut rien faire qui puisse alerter quelqu'un.

Pierre hoche sérieusement la tête. Ce n'était pas un rêve.

Il mange le quignon de pain sec de son déjeuner avec une tasse fumante de thé amer. Il se rappelle le chocolat que Rush lui a donné.

Quand sa grand-tante quitte la cuisine, il en profite pour ouvrir le tiroir et y prendre la tablette de chocolat. Mais Marguerite revient avant qu'il puisse en croquer une seule bouchée. D'un mouvement vif, il met le chocolat dans sa poche et part pour l'école.

« Je ne le montrerai à personne, se dit-il. Je vais juste en prendre une petite bouchée maintenant, puis une autre sur le chemin du retour. » Il en brise un morceau qu'il met dans sa bouche.

Tout le long de la petite route de campagne qui conduit au village, il se répète silencieusement le numéro d'identité du pilote. « 3-4-7-1, 3-4-7-1... » Le chocolat a fini de fondre dans sa bouche lorsqu'il arrive dans la cour de l'école.

L'école de Pierre est un vieux bâtiment en brique. Les bombes ont démoli un mur à l'arrière, mais la grande pièce du devant est restée intacte. Tous les enfants du village et des alentours y tiennent aisément. Ce sont des enfants de tous âges, mais l'instituteur, monsieur Croteau, arrive à s'occuper de chacun, même de Pierre.

Ce jour-là, la cour bourdonne d'excitation. Dès qu'il ouvre la lourde barrière en fer, Pierre comprend que tout le monde parle du raid aérien. Des enfants courent en cercles, les bras écartés, jouant à faire l'avion.

Pierre cherche monsieur Croteau des yeux, mais l'instituteur n'est pas encore arrivé.

André Moulet, le petit dur, aperçoit Pierre et court vers lui. Il pointe un semblant de revolver vers Pierre :

— Rat-ta-ta-ta !

Pierre réussit à s'échapper. Il s'arrête et regarde par-dessus son épaule : les enfants rient de lui. Pierre les ignore. Comme il le fait souvent, il va s'asseoir dans un coin de la cour. « S'ils savaient, pense Pierre, que j'ai sauvé un vrai pilote d'un avion britannique, ils ne riraient pas de moi. »

Sans y penser, Pierre sort le chocolat de sa poche et le porte à sa bouche. Il s'apprête à en croquer une bouchée quand il prend conscience de son geste.

Vite, il remet le chocolat dans sa poche, mais trop tard. André s'approche avec un grand sourire.

— Hé, l'idiot ! lance-t-il. Qu'est-ce que tu as ?

Pierre ne peut pas lire sur les lèvres et ne comprend pas ce qu'André a dit, mais il sait ce qu'il veut. Il tient le chocolat bien serré au fond de sa poche.

— C'est un gros morceau de chocolat que tu as là, fait André. Qu'est-ce qu'un pauvre idiot comme toi fait avec du chocolat ? Donne-m'en un morceau, crie-t-il en mettant sa main sous le nez de Pierre. Tout de suite !

Pierre a peur. Il ne faut pas qu'André et les autres garçons voient le chocolat. S'il fallait qu'ils découvrent celui qui le lui a donné !

Pierre saute sur ses pieds et se rapproche des portes de l'école. André l'y suit.

— M'as-tu entendu, imbécile ? demande André en tentant de glisser sa main dans la poche de Pierre.

Mais Pierre s'échappe et fourre le reste de chocolat dans sa bouche.

Le voyou l'attrape et lui fait faire demi-tour.

— Où est le chocolat ? hurle-t-il.

Pierre avale rapidement son chocolat et tend ses mains. André fouille les poches de Pierre.

— Tu l'as mangé ! dit-il en jetant Pierre sur le sol. Tu vas le regretter, ajoute-t-il d'une voix rageuse.

Les autres enfants regardent Pierre. Personne ne veut l'aider ; ils ont tous trop peur d'André. Lorsqu'il se relève, Pierre voit les enfants en rang devant la porte. « La cloche doit avoir sonné », pense Pierre.

Mais rien ne va. Pierre remarque l'air inquiet de ses compagnons qui se tournent l'un vers l'autre.

Il s'aperçoit alors que monsieur Croteau n'est pas encore là. Chaque jour, il arrive plus tôt pour avoir le temps de parler avec ses élèves. « Où est-il ? se demande Pierre. Pourquoi n'est-il pas venu ? »

La Gestapo l'a-t-elle emmené ? La Gestapo est la police secrète nazie. Les policiers torturent les gens pour leur soutirer des informations sur les activités de la Résistance. Ils traquent tous ceux qui s'opposent aux Nazis.

Quelques mois auparavant, se rappelle Pierre, la Gestapo était allée chez le chef de police du village au beau milieu de la nuit. Le chef s'était vanté de pouvoir tuer le capitaine nazi sur le terrain d'aviation.

Ce soir-là, la Gestapo l'avait tiré de son lit sans avertissement. On ne l'a plus jamais revu. Et personne n'a jamais su qui avait rapporté ses paroles à la Gestapo. Pierre hausse les épaules.

C'est alors qu'une jeune femme grande et mince ouvre les portes de l'école. Elle tape dans ses mains pour obtenir le silence.

— Silence, les enfants ! crie-t-elle. Mettez-vous en rang pour entrer.

Pierre sort du rang pour mieux la regarder. Elle lui lance un regard furieux.

— Toi, là-bas ! crie-t-elle. En rang !

Pierre retourne à sa place.

— Monsieur Croteau est occupé ailleurs, dit la femme. Je m'appelle madame Claudel et je serai votre institutrice pour la journée.

« D'où vient cette femme ? », se demande Pierre. Même si elle est habillée comme les gens de la place, sa coupe de cheveux semble plus moderne.

— Avancez maintenant, ordonne-t-elle.

Les enfants entrent rapidement dans la classe et s'assoient à leur place.

— Ouvrez vos livres de latin à la page trente-trois, demande madame Claudel. Nous allons commencer par le verbe être.

Pierre suit la leçon du mieux qu'il peut, mais c'est difficile. Monsieur Croteau connaît la langue des signes et lui explique toujours ce qu'il doit faire. Mais madame Claudel ne sait pas que Pierre est sourd. Il espère qu'elle ne lui demandera rien.

Quelques minutes plus tard, ses compagnons cessent la récitation et se détournent. Pierre suit leur regard vers la fenêtre. Une auto de la Gestapo arrive ! Monsieur Croteau entre dans la classe au même moment, essoufflé, mais souriant.

— Désolé d'être en retard, les enfants, dit-il en fermant la porte. Merci, madame Claudel, fait-il en se tournant vers la nouvelle institutrice, je vous...

Bang ! La porte s'ouvre de nouveau. Trois hommes de la Gestapo entrent dans la classe. Pierre est terrifié. Ce n'est encore jamais arrivé !

— Debout, les enfants ! ordonne monsieur Croteau d'un air mécontent.

Pierre se lève avec les autres.

Le capitaine de la Gestapo s'avance ; les deux autres se placent de chaque côté de la porte de la classe. Pierre n'a jamais vu ça. Mais il remarque le sourire que madame Claudel leur adresse avant de quitter la classe.

Le capitaine fait lentement le tour de la classe des yeux. Pierre a l'impression que son regard s'attarde sur lui.

Chapitre 4

Institutrice ou espionne ?

Pierre a envie de s'enfuir. Quelqu'un l'a-t-il dénoncé ? Madame Claudel, peut-être ? Que sait-elle ?

— Assoyez-vous, les enfants, commence le Nazi. Je suis le capitaine Reiner. Certains d'entre vous ont sûrement été réveillés cette nuit par le bruit des bombardements. Nous avons bien entendu abattu la plupart des avions ennemis et chassé les autres. Mais l'un des pilotes a peut-être sauté en parachute. Nous pensons même qu'il est toujours vivant. Nous ne l'avons pas retrouvé, mais ce ne sera pas long...

Il regarde Pierre.

— Nous offrons une récompense à tout garçon ou fille qui nous aidera : cinquante mille francs et une belle médaille.

Cinquante mille francs ! Les enfants se regardent, les yeux tout ronds. C'est plus que ce que leurs parents gagnent en une année !

— Une très belle récompense, insiste le capitaine, l'œil brillant. Non ?

Un long silence suit. Debout devant la classe, monsieur Croteau tousse.

— Répondez-moi quand je pose une question, dit le capitaine d'une voix tranchante.

— Oui, monsieur, marmonnent quelques enfants.

— Maintenant, quelqu'un a-t-il quelque chose à me dire ? demande Reiner avec un sourire.

Personne ne répond. Le sourire du capitaine s'évanouit.

— Je peux peut-être vous aider à retrouver la mémoire, dit-il. On a vu un garçon dans les bois cette nuit. Quelqu'un peut me dire qui était ce garçon ?

Personne ne dit un mot.

— Qu'est-ce qu'ils ont, vos élèves ? demande Reiner à l'instituteur. Pourquoi ne se rappellent-ils rien ?

— Peut-être n'ont-ils rien à se rappeler, répond monsieur Croteau.

— Je n'en suis pas certain, reprend l'officier en se tournant vers les élèves. Jouons à un jeu. Ça s'appelle « Devine qui ». Supposons que vous deviez deviner quel garçon était dehors la nuit dernière. Une bonne réponse pourrait vous valoir cinquante mille francs. Quel nom donneriez-vous ?

Une main se lève... celle d'André.

— Je dirais Pierre Carot.

Toute la classe s'arrête de respirer, le souffle coupé. Reiner s'avance vers le bureau d'André.

— Oh ! et pourquoi dirais-tu Pierre Carot ?

— Parce qu'il mangeait du chocolat ce matin. Il n'y a plus de chocolat ici depuis des mois. Je me demande où il l'a trouvé.

Pierre n'a aucune idée de ce qui se dit. Mais il voit toutes les têtes se tourner vers lui.

— Et où crois-tu que Pierre s'est procuré ce chocolat ? demande Reiner en tapotant le pupitre à petits coups secs.

— De... du pilote qui a été abattu.

Le capitaine nazi retourne lentement devant la classe.

— Pierre ! crie-t-il. Viens ici !

Pierre n'a pas entendu un mot, mais tout le monde le regarde. Monsieur Croteau lui fait signe d'avancer.

« C'est fini, pense Pierre en se levant. Ils doivent avoir trouvé l'Américain. » Il serre les poings. Il ne dira rien aux Allemands.

Monsieur Croteau se tourne vers le capitaine.

— Au sujet de Pierre... je dois vous dire...

— Vous n'avez rien à me dire ! explose le capitaine. Je vais moi-même questionner le garçon ! Comment t'appelles-tu ? demande-t-il à Pierre.

Pierre regarde ses pieds, trop effrayé pour regarder le Nazi en face.

— Réponds-moi !

— S'il vous plaît ! lance monsieur

Croteau. Le garçon...

— Silence ! aboie le Nazi en se tournant vers Pierre. Une dernière fois, garçon, comment t'appelles-tu ?

Pierre ne répond pas. Le capitaine lève la main pour frapper Pierre.

Soudain, Gabrielle, la fille du pharmacien, se lève en criant :

— S'il vous plaît, monsieur... Pierre ne peut ni entendre ni parler !

Le capitaine regarde les enfants qui hochent la tête.

— Est-ce vrai ? demande-t-il à l'instituteur.

— Oui, répond sèchement monsieur Croteau.

Le capitaine fronce les sourcils.

— Bon, fait-il impatiemment, mais comment communiquer avec lui ?

— Par signes, dit monsieur Croteau. Je peux vous montrer.

— Demandez-lui où il était la nuit dernière.

Monsieur Croteau se tourne vers Pierre, mais il ne répète pas les paroles du capitaine. Avec des gestes rapides, il explique :

43

— Dis-lui que tu étais dans ton lit la nuit dernière. Et que c'est moi qui t'ai donné le chocolat.

« Le chocolat ? se dit Pierre. André doit en avoir parlé. Pourquoi l'avoir apporté ! »

Pierre répond à l'instituteur qui se tourne et répète la réponse au capitaine.

— Le garçon dit qu'il est resté chez lui hier à partir du moment où il est revenu de l'école.

— Demandez-lui où il a obtenu ce chocolat.

Monsieur Croteau pose la question à Pierre ; ce dernier commence à répondre quand le Nazi s'écrie :

— Arrête ! Écris sur le tableau ! ajoute-t-il en tendant une craie à Pierre.

Pierre va au tableau et écrit : « L'instituteur me l'a donné hier. »

Reiner se tourne vers monsieur Croteau.

— Il n'y a pas de chocolat au village, dit-il. Votre propre élève l'a dit. Comment vous en êtes-vous procuré ?

L'instituteur ouvre un tiroir de son bureau et en sort un morceau de chocolat tout poussiéreux.

— Ce sont les Allemands qui me l'ont donné. Vous êtes très généreux. Les premiers soldats qui se sont installés au village ont distribué du chocolat et j'en ai conservé.

Reiner dévisage l'instituteur pendant un moment. Finalement, il dit :

— Dites au garçon de retourner à sa place.

Monsieur Croteau répète l'ordre à Pierre, qui pousse un soupir. La Gestapo ne l'emmènera pas... enfin, pas cette fois. Il retourne à son bureau, les jambes tremblantes.

Après une minute de silence, le capitaine s'adresse de nouveau aux enfants.

— Nous, les Allemands, sommes très bons avec ceux qui nous sont loyaux. Mais tous les garçons et les filles qui nous désobéissent savent ce qui les attend. Il y a à la Gestapo une pièce spéciale où nous nous occupons de ces mauvais enfants ! Rappelez-vous que si l'un d'entre vous aide un aviateur ennemi, nous allons le retrouver. Dites-le à vos parents et parlez-leur des cinquante mille francs. *Heil* Hitler !

Le capitaine sort de la classe, ses deux officiers lui emboîtant le pas.

Personne ne dit un mot jusqu'à ce qu'on entende le grondement de l'auto de la Gestapo décroître dans les rues du village.

Gabrielle se tourne alors vers André.

— Comment as-tu pu faire ça ? crie-t-elle rageusement.

Toute la classe se met à crier après André. Monsieur Croteau lève les bras pour obtenir le silence, puis se tourne vers le garçon.

— Pourquoi as-tu accusé Pierre ?

— J'étais furieux, dit André en penchant la tête. Je lui ai demandé du chocolat et il ne m'en a pas donné.

— Alors tu as décidé de te venger en le dénonçant à la Gestapo ? demande l'instituteur en secouant la tête. Il aurait pu être tué !

— Je suis désolé, murmure André.

— J'espère que tes camarades vont être plus gentils avec toi que la Gestapo l'aurait été avec Pierre, dit monsieur Croteau. Ça va, les enfants, ajoute-t-il en se détournant.

Continuons la leçon.

Une fois la journée d'école terminée et les enfants partis, monsieur Croteau prend Pierre à part et ferme tranquillement la porte.

— Dis-moi exactement ce qui s'est passé la nuit dernière.

Pierre fait entièrement confiance à monsieur Croteau, qui n'est pas seulement l'instituteur du village, mais aussi le chef de la Résistance. Pierre lui explique qu'il a trouvé le pilote et l'a ramené à la maison ; il lui parle du chocolat qu'il a mangé avant le début de la classe.

— C'était une erreur dangereuse, l'avertit l'instituteur. Nous avons un travail important à accomplir. Une autre erreur et nous pouvons tous y passer.

Honteux, Pierre hoche la tête.

— Lorsque tu te joins à la Résistance, tu prêtes serment de faire ton possible, lui rappelle l'instituteur.

— S'il vous plaît, croyez-moi, répond Pierre. Je ne ferai plus d'erreurs.

Monsieur Croteau prend la main du garçon dans la sienne.

— Je sais que tu n'en feras plus. Il faut que tu comprennes que cinquante mille francs pourraient pousser n'importe qui à aider les Nazis. Tu dois te méfier de tout le monde.

Pierre hoche la tête en pensant à madame Claudel, la nouvelle institutrice.

— Je vais vous rendre visite, ce soir, continue l'instituteur. Nous devons trouver un moyen de faire rentrer le pilote en Angleterre. Connais-tu son numéro d'identité ?

Pierre commence à faire des signes lorsque la porte s'ouvre brusquement. Madame Claudel entre, une pile de papiers dans les mains.

— Excusez-moi, monsieur Croteau, dit-elle en souriant. Je voudrais vous montrer ces examens.

— Bien sûr, répond monsieur Croteau. Tu peux partir, Pierre.

Pierre retourne chez lui dans le crépuscule naissant, inquiet au sujet de madame Claudel. Les espionne-t-elle ? Connaît-elle la langue des signes ? Et pourquoi est-elle soudain apparue, justement aujourd'hui ?

Chapitre 5

Des rats dans le hangar !

Ce soir-là, Pierre sort sans bruit de la maison avec un paquet de fromage et une miche de pain.

Il arrive lentement à la porte du hangar sur laquelle il frappe trois coups, puis deux autres coups. C'est le signal pour avertir l'Américain qu'il s'agit de Pierre ou de Marguerite.

Dans le hangar, il allume une bougie et retire doucement les planches qui recouvrent l'entrée secrète. À la lumière tamisée, il aperçoit Rush, accroupi dans le trou.

Pierre lui descend la nourriture dont l'Américain s'empare avec précipitation. Il mange vite.

Une fois son frugal repas terminé, il sourit et prend la main de Pierre.

— Merci, fait-il, d'un signe maladroit.

Pierre éclate de rire. Marguerite doit lui avoir montré ce signe ! Il enseigne au pilote comment le faire correctement.

Pierre sort ensuite une petite photo repliée de sa poche. Elle montre un jeune homme en uniforme de l'armée française, souriant à l'appareil photo. Jim Rush regarde attentivement la photo. Il devine que l'homme de la photo devait être le père de Pierre. Il la rend au garçon et sort son portefeuille. Il en tire une petite photo d'une jeune femme vêtue d'une robe à rayures. Elle a l'air heureuse.

Pierre se rend compte soudain à quel point Rush doit se sentir seul dans cette cave humide, sous la terre, sans personne à qui parler sa propre langue. Il tend sa main au pilote qui la serre. Il doit maintenant partir. Rush le salue de la main pendant que Pierre replace les planches sur le trou.

Dehors, il aperçoit une silhouette qui s'approche de la maison. Le cœur du garçon se met à battre plus fort, puis il se rappelle la visite annoncée par son instituteur. Pierre court lui ouvrir la porte.

Marguerite est assise à table, le fer à repasser secret devant elle.

— Écoutez ! dit-elle. C'est le général de Gaulle qui parle.

De Gaulle est le chef des Français libres, tous les Français ligués contre les Nazis. Croteau traduit à Pierre tout le discours du général.

— Français ! Françaises ! Le jour viendra où la France sera libre de nouveau. Aidez la Résistance ! Vive la France !

Marguerite ferme la radio et la remet dans le fer.

— Vive la France, reprend monsieur Croteau en faisant le V de la victoire à Pierre et Marguerite qui l'imitent. Nous devons vite écrire cette lettre, dit-il ensuite. Il va bientôt être vingt heures. Ils ont abattu un homme dans le village voisin la semaine dernière parce qu'il n'avait pas respecté le couvre-feu.

— Et alors ? marmonne la tante de Pierre. On ne meurt qu'une fois. Mais avant de le faire, je veux emporter quelques

Nazis avec moi !

Elle tend un crayon et du papier à l'instituteur. Il écrit d'une main tremblante sous la dictée de Marguerite.

— Vite, demande-t-il à Pierre. Quel est le numéro d'identité du pilote ?

Pierre se rappelle bien le numéro qu'il s'est répété des centaines de fois.

— 3-4-7-1, fait-il par signes.

L'instituteur l'écrit puis lève soudain la tête : une auto approche.

Marguerite fait un signe rapide à Pierre. Quelqu'un vient ! Pierre s'accroupit et retourne à son jeu de construction.

Un instant plus tard, on frappe à la porte et deux hommes de la Gestapo entrent en trombe. Ce sont le capitaine Reiner et un des lieutenants qui sont passés à l'école le même jour.

Pierre se fige. La feuille est à la vue et le fer à repasser juste à côté.

— Madame Carot ? demande Reiner.

— Oui, c'est moi, répond Marguerite.

— Encore vous, monsieur, fait Reiner en pointant son doigt sur monsieur Croteau. Il semble que vous êtes partout où je passe.

— Madame Carot m'a demandé de venir ce soir, dit calmement l'instituteur.

— Qu'est-ce qu'il fait de mal ? lance Marguerite. Il écrit pour moi une lettre à la seule filleule qui me reste. Je n'ai pas d'instruction, je ne sais pas écrire ! Et ce serait si long pour lui, ajoute-t-elle en montrant Pierre, de mettre ses signes sur le papier. C'est l'instituteur...

— Calmez-vous, madame, dit l'officier. J'aimerais voir la lettre.

Monsieur Croteau lui tend le papier. Le capitaine commence à lire la missive, puis montre le haut de la feuille.

— Ce chiffre. Que signifie-t-il ?

— C'est une partie de l'adresse, répond monsieur Croteau, un peu trop vite.

— Oh ! Et quelle est l'adresse ? demande le capitaine à Marguerite.

— Ma filleule habite le 3471, rue du Lion, à Paris.

Le capitaine hausse les épaules et continue sa lecture :

— Les choses se sont améliorées depuis que les Allemands sont arrivés. Ils sont très bons avec nous.

Il jette la lettre sur la table.

— Vous êtes très avisée, madame, lâche-t-il froidement avant de remarquer le fer à repasser.

— Quel étrange fer vous avez là, fait-il en y touchant. Comment fonctionne-t-il ?

— Il est... brisé, dit Marguerite.

Pierre continue de jouer négligemment avec ses blocs, mais ses yeux ne lâchent pas le capitaine. Un seul tour de ce petit bouton et le devant va glisser pour révéler la radio !

Pierre remarque le couteau à pain sur la table. Monsieur Croteau le regarde lui aussi. Ils pensent la même chose. Est-ce que l'un d'eux serait capable de se servir du couteau ? Pierre pourrait-il vraiment tuer un être humain ?

Mais le Nazi se détourne du fer et regarde Marguerite.

— Nous sommes venus inspecter la maison. Nous vous expliquerons plus tard.

— Bien sûr, dit Marguerite.

Le lieutenant reste dans la cuisine pendant que Marguerite accompagne Reiner à travers la maison. Pierre regarde tellement intensivement l'instituteur, qu'il lit le message dans ses yeux. Il n'est pas question de livrer le pilote américain!

Pierre regarde de nouveau le couteau. Il se déplace lentement vers la table, le ramasse et se tranche du pain.

Il essaie d'imaginer sa grand-tante à la Gestapo et ce que les Nazis seraient capables de lui faire s'ils trouvaient le pilote. Au premier signe de problème, il sait qu'il pourrait plonger le couteau dans le ventre du lieutenant.

Mais il aperçoit monsieur Croteau qui secoue lentement la tête. Pierre remet le couteau sur la table. À quoi pense l'instituteur?

Marguerite et le capitaine reviennent dans la cuisine.

— Merci de m'avoir fait visiter votre maison, dit ce dernier. Qu'est-ce qu'il y a dans la cour? ajoute-t-il en regardant par la fenêtre.

— Pas grand-chose, répond Marguerite en jetant un coup d'œil à Pierre. Juste un petit hangar.

— Venez, dit le Nazi. On va le regarder de plus près.

Il se dirige alors vers la porte d'en arrière suivi par Marguerite et le lieutenant.

Pierre se tourne vivement vers monsieur Croteau. L'instituteur hoche la tête et bondit de sa chaise. Pierre attrape le couteau et le cache derrière son dos.

Marguerite trotte vers le hangar et en ouvre toute grande la porte. Elle se tasse pour laisser passer les Allemands.

— Regardez, dit-elle d'un ton négligeant. Mais attention aux rats.

— Des rats ? demande Reiner.

— Oui, de gros rats gris, explique Marguerite. Il y en a plein.

Le lieutenant sort sa lampe de poche et promène le faisceau de lumière tout autour.

— Je ne vois rien, annonce-t-il.

Reiner hausse les épaules et se tourne vers la maison. Pierre remet doucement le couteau sur la table.

— Maintenant, commence le capitaine lorsqu'ils sont tous revenus dans la cuisine, je vais vous donner la raison de notre visite. Vous allez avoir un invité.

— Quel invité ? demande Marguerite.

— Il n'y a plus assez de chambres pour nos hommes en ville. Un soldat allemand viendra habiter avec vous demain.

— Bien entendu, fait Marguerite, impuissante. Je vais lui préparer une chambre.

Une fois les Allemands partis, Marguerite se tourne vers l'instituteur.

— Qu'allons-nous faire ?

— Cet Allemand sera ici pour vous surveiller, dit monsieur Croteau. Il ne mettra pas longtemps à flairer l'Américain. Nous devons faire sortir le pilote d'ici le plus tôt possible.

— Comment ? demande Marguerite.

— Nous devrons essayer demain soir, pendant la répétition de la chorale. C'est notre seule chance. Tu dois y être, fait-il en se tournant vers Pierre à qui il fait des signes.

Pierre fait un geste qui semble dire : « Mais je ne peux pas chanter. »

— Ce n'est pas grave, lui explique l'instituteur. J'ai quelque chose d'important à te faire faire.

Chapitre 6

Le message dans une capsule

Le soldat allemand, un homme court et mince avec des cheveux bruns sans éclat, arrive le lendemain matin. Il va directement à sa chambre et y dort profondément jusqu'à ce que Marguerite le réveille pour souper.

Quand ils sont tous les trois assis silencieusement autour de la table, Pierre devine tout de suite que sa grand-tante n'est pas heureuse de la présence de l'Allemand. C'est une excellente cuisinière, mais elle a fait brûler la bouillie d'avoine et servi des saucisses froides.

Plus tard, Pierre se rend à l'auberge pour la répétition de la chorale, qui se réunit tous les jeudis. C'est le seul soir où les villageois ont la permission de sortir après le couvre-feu.

Les Nazis permettent les réunions de la chorale dans l'espoir que certains villageois accepteront de coopérer. Deux officiers de la Gestapo sont toujours présents, l'oreille et l'œil aux aguets.

Tout en marchant, Pierre repasse dans sa tête les instructions que monsieur Croteau lui a données. Il tient dans sa bouche une petite capsule en métal qui contient un message. « Le plus important, pense Pierre en souriant, c'est de ne pas l'avaler ! »

C'est alors qu'un camion tourne le coin devant lui et se dirige lentement vers l'auberge. C'est le camion radar de la Gestapo qui fait ses rondes de nuit. Grâce à l'antenne très résistante installée sur le toit, les Allemands peuvent capter tout signal télégraphique. Ils savent immédiatement si quelqu'un envoie un message secret aux Alliés.

Mais le camion ne passe habituellement pas si tôt devant l'auberge. Les Allemands ont changé leur route. Ils doivent se douter de quelque chose !

Pierre court à l'auberge pour en avertir l'instituteur, mais ce dernier est occupé à parler avec des choristes. De l'autre côté de la pièce, deux officiers les observent.

— Je dois vous parler, dit Pierre avec des gestes.

L'instituteur sourit et donne un verre vide à Pierre.

— Pas maintenant, lui répond-il par signes. Attends le signal. Fais de ton mieux.

Pierre se rend dans la cuisine. L'aubergiste, une femme de forte carrure, lui montre du menton un plateau de verres de vin. Elle indique à Pierre de le passer aux officiers.

Les pensées de Pierre se bousculent pendant qu'il porte le plateau dans la pièce principale. Le camion radar met environ deux heures à faire sa ronde. Il est maintenant dix-neuf heures trente ; le camion sera de retour vers vingt et une heures trente. S'il n'obtient pas le signal de monsieur Croteau avant cela, il ne pourra pas exécuter le plan. Ils seront tous pris.

Soudain, son pied s'accroche et le

plateau lui échappe. Les verres tombent sur le plancher et le vin rouge vif se répand dans les débris de verre.

Pierre lève les yeux et voit les deux hommes de la Gestapo éclater de rire. L'un d'eux avait tendu le pied dans l'intention de le faire trébucher. L'autre Nazi pointe le garçon du doigt.

— Qu'est-ce qui t'arrive, imbécile ? dit-il. Regarde où tu vas.

— Madame ! appelle l'autre Nazi.

— Oui, monsieur ? demande l'aubergiste en courant vers eux.

— Regardez le dégât qu'a causé ce petit idiot !

La femme dévisage Pierre qui court chercher une vadrouille à la cuisine.

— Ce pauvre garçon ne comprend rien, dit la femme à l'Allemand. Ce n'est qu'un sourd-muet. Personne ne sait qu'en faire.

— Eh bien moi, je le sais, dit le Nazi. Demandez-lui de nous apporter des sandwichs ! Et du vin !

L'aubergiste presse Pierre de retourner dans la cuisine.

— Allez ! dit le Nazi en bottant Pierre au derrière.

Le garçon rougit de colère, mais il sourit aux hommes tout en se rendant dans la cuisine. Il regarde ses pieds pendant que le cuisinier fait les sandwichs. C'est alors qu'il aperçoit un cafard qui traverse le plancher ; il attend que le cuisinier tourne le dos pour écraser l'insecte et le glisser dans un sandwich.

Il apporte ensuite les boissons et les sandwichs aux hommes de la Gestapo. L'un d'eux lui caresse la tête avant de lui donner une pièce de monnaie.

Pierre sourit en hochant la tête et retourne attendre avec les membres de la chorale. Il regarde nerveusement monsieur Croteau... aucun signe.

De l'autre côté de la pièce, Pierre voit le grand Allemand qui l'avait fait trébucher faire une grimace en montrant son sandwich du doigt.

Les officiers de la Gestapo ne lâchent pas des yeux les choristes qui répètent leurs chants de Noël. Pierre sait qu'ils examinent chaque visage, écoutent chaque mot, pour détecter l'indice qui pourrait leur révéler qui cache le pilote.

Pierre regarde l'horloge placée près de la cuisine. Vingt heures quarante.

À vingt heures cinquante, l'un des officiers de la Gestapo croise son regard et lui montre son verre vide. Pierre s'empresse de lui rapporter un verre plein, inquiet de rater le signal de monsieur Croteau. Puis il se rassoit pour attendre. Si on ne lui fait pas signe avant vingt et une heures... ou vingt et une heures quinze...

Au moment où Pierre abandonne, il sent qu'on le touche à l'épaule. C'est l'aubergiste qui lui tend un balai en lui désignant l'escalier.

Pierre regarde l'instituteur qui essuie ses lunettes avec son mouchoir. C'est le signal qu'il attendait.

Il grimpe l'escalier, se demandant à chaque marche si quelqu'un le suit, mais il se garde bien de tourner la tête.

Au premier, plusieurs chambres servent à des officiers nazis. Il y a de la lumière sous l'une des portes. Pierre passe innocemment son balai sur le plancher, dépasse la porte, puis continue le long du couloir.

Au bout, se trouve la porte dont on lui a parlé. Elle semble condamnée, mais Pierre trouve le loquet secret et la porte camouflée s'ouvre. Derrière, un escalier mène au deuxième.

Pierre entre vite et referme la porte. Il fait noir comme dans un four — même lui n'y voit goutte.

Il cherche silencieusement la première marche du bout de son pied. La voilà ! A-t-il fait du bruit ? Il grimpe doucement l'escalier en tenant soigneusement le balai contre lui.

Avant de rejoindre le deuxième étage, sa vue perçante lui est revenue. Devant lui, un étroit corridor s'étire jusqu'à l'autre bout de la maison. Des planches ont été clouées en travers des portes. De grandes toiles d'araignées s'étendent du plancher au plafond.

Il marche lentement jusqu'au bout du corridor où une petite trappe noire conduit au grenier. À l'aide du manche à balai, il tape le code sur la trappe : trois coups, puis deux. La trappe s'entrouve, puis s'ouvre toute grande.

Un petit panier descend au bout d'une corde. Pierre sort la capsule en métal de sa bouche, la dépose dans le panier, puis il tire un coup sur la corde. D'en haut, une main tire le panier jusqu'au grenier puis referme la trappe.

Pierre retourne vers l'escalier sombre. « Quelle heure est-il ? se demande-t-il. Le camion radar va bientôt repasser. Le télégraphiste aura-t-il assez de temps ? »

Pierre reprend le petit escalier qui descend au premier. Maintenant, s'imagine-t-il, l'opérateur doit taper les codes radio pour 3-4-7-1. De l'autre côté de la Manche, un autre opérateur les reçoit. Pierre prie pour que la Gestapo soit loin.

De retour en bas, la répétition de la chorale est terminée. Il est vingt-deux heures quinze et presque tout le monde est parti. Monsieur Croteau attend Pierre, tout seul près de la porte.

Ses yeux cherchent ceux du garçon. Est-ce que tout s'est bien passé ? Pierre cligne des paupières une fois pour « oui », puis, ensemble, ils sortent dans la nuit noire et froide. Les officiers de la Gestapo sont juste derrière eux.

Lorsqu'ils atteignent le bout de la rue, le camion radar apparaît au tournant. Son antenne tourne lentement.

Le cœur de Pierre ne fait qu'un bond. Si le radar n'a pas déjà capté les signaux du télégraphe, il va le faire maintenant. Il doit faire quelque chose !

Mais quoi ? Il pourrait courir devant le camion. Ce serait stupide, mais les Allemands le croient idiot de toute façon.

Pierre se prépare à courir quand il lève les yeux vers le dernier étage de l'auberge. Incroyable !

Madame Claudel, la nouvelle institutrice, apparaît à la fenêtre du grenier ! C'est donc un officier de la Gestapo, et elle a sans doute pris le télégraphiste !

Mais non ! Pierre la voit alors sortir par la fenêtre, une petite mallette à la main, une mallette de la taille d'une radio. Madame Claudel était donc l'opératrice radio !

Monsieur Croteau attrape Pierre par le bras ; ce dernier tente de se libérer, mais l'instituteur le tient fermement et l'entraîne plus loin.

Monsieur Croteau se détourne soudain et Pierre observe la scène qui se déroule devant eux. Les hommes de la Gestapo tirent en direction du toit de l'auberge! La mince silhouette de madame Claudel trébuche, puis court sur les ardoises en pente avant de disparaître.

Monsieur Croteau entraîne Pierre et ils s'éloignent de l'auberge en courant. À quelques rues de là, l'instituteur lâche le bras de Pierre. Il est furieux.

— Je te défends de faire des choses pareilles, Pierre! Et si on t'avait pris! Je ne sais pas ce que tu croyais faire, gesticule-t-il devant le visage du garçon, mais c'était complètement fou. Si tu étais retourné à l'auberge, les hommes de la Gestapo t'auraient sûrement attrapé!

— Je voulais arrêter le camion, fait Pierre. L'opératrice radio... c'était madame Claudel, non?

— Oui, répond monsieur Croteau. On nous l'a envoyée pour nous aider. Elle fait partie de la Résistance en Angleterre. J'espère seulement qu'elle va réussir à s'enfuir.

Pierre, ne fais plus des choses pareilles ! Tu aurais pu être pris !

Pierre réfléchit un moment, puis fait les signes pour dire :

— Est-ce que cela n'aurait pas été mieux si la Gestapo avait attrapé un garçon sourd qui ne parle pas et ne sait à peu près rien de votre travail plutôt que madame Claudel qui en sait tant ?

L'instituteur ne répond pas tout de suite ; puis, après un moment :

— Peut-être. Tu es très brave, Pierre Carot, fait-il en mettant sa main sur l'épaule du garçon.

Ils traversent ensuite en silence les rues tortueuses du petit village.

Chapitre 7

Un bon point
pour Pierre

Le lendemain, l'école n'en finit plus. À la fin de la journée, monsieur Croteau ne retient pas Pierre qui part en même temps que les autres.

Il retourne lentement chez lui, s'inquiétant pour madame Claudel. Est-elle toujours vivante ? Le message s'est-il rendu en Angleterre ?

Soudain, une bicyclette surgit devant lui. Il s'écarte vite. Le cycliste s'arrête juste en face. C'est Gabrielle Le Blanc, la fille du pharmacien.

— Je m'excuse, dit-elle. J'allais trop vite. Ça va ?

Pierre ne peut pas lire sur ses lèvres,

mais il comprend ce qu'elle lui dit. Il fait signe que oui de la tête.

Elle tend la main et prend la sienne. Ce faisant, elle place un petit bout de papier dans sa paume, puis se détourne et s'éloigne en pédalant.

Pierre regarde le papier. C'est un message du père de Gabrielle : « Le médicament de ta grand-tante est prêt. »

Il sait ce que cela signifie : Le Blanc est membre de la Résistance.

Pierre se rend à la pharmacie où monsieur Le Blanc lui donne une bouteille de comprimés et un autre papier. Pierre regarde autour de lui : la pharmacie est vide. Il déplie le papier et lit : « Soyez prêts à déménager 3471 lundi soir, à vingt-trois heures. Prenez les deux comprimés. »

Pierre sourit. Le message est passé ! Il glisse le papier et la bouteille dans sa poche et quitte la boutique.

Dehors, André et un autre garçon, Marcel, sont appuyés contre la vitrine de la pharmacie.

— Qu'est-ce que t'as dans ta poche, maintenant, pauvre imbécile ? demande

André en tendant la main. Du chocolat ?
Allez. On partage entre amis.

Marcel pouffe de rire.

Les deux garçons sont plus costauds
que Pierre, mais ce dernier ne doit absolu-
ment pas les laisser lire le message même
s'ils n'arrêtent pas de le bousculer.

André s'approche et Pierre lui décoche
une poussée qui le fait chanceler. Il
s'éloigne, mais André lève les bras en
courant vers lui.

Pierre se retourne et, de toutes ses
forces, pousse André qui tombe sur le sol.

— Attrape-le ! crie André à son ami.

Marcel avance d'un pas vers Pierre,
mais s'arrête en le voyant lever les poings.

— Je t'ai dit de l'attraper !

Mais Marcel s'éloigne.

— Arrange-toi avec tes affaires ! crie-t-il
à André.

Lorsque André se remet sur pied, Pierre
s'avance vers lui, poings serrés. André prend
la fuite en criant des choses par-dessus son
épaule. Pierre sourit. C'est facile de crier
des bêtises en se sauvant.

Pierre fait alors une petite boule du

message et l'avale. Ainsi, personne ne va le trouver.

C'est déjà l'heure de souper lorsqu'il arrive enfin. Le soldat allemand écrit une lettre dans le salon. L'odeur alléchante de légumes cuits s'échappe de la cuisine.

— Sois gentil, Pierre, fait Marguerite, et va me chercher du bois pour le feu.

Cela fait partie de leur code, au cas où le soldat connaîtrait la langue des signes. Cela signifie qu'il est temps d'apporter de la nourriture à l'Américain.

Marguerite donne des pommes et du pain à son neveu qui les glisse sous son manteau et sort rapidement dans la nuit.

Une fois arrivé au hangar, il regarde autour de lui pour s'assurer que l'Allemand ne l'a pas suivi. Il tape ensuite le code, puis entre.

Dans le hangar tout noir, Pierre allume une bougie et dégage l'entrée de la trappe. Rush est content de voir Pierre... et la nourriture. Il attrape le pain avec empressement.

Lorsque Pierre revient à la cuisine, le soldat allemand est attablé devant une assiettée toute fumante de légumes cuits. Il jette un regard interrogatif à Pierre.

Pierre sourit et se met à table. Il essaie de manger tout doucement pendant que le soldat continue de le dévisager.

— Alors, madame Carot, dit le soldat en se tournant vers Marguerite, que faites-vous pousser ici ?

— Des pommes, quelques choux et d'autres légumes.

L'Allemand hoche la tête tout en continuant de poser des questions sur Marguerite, Pierre et leur vie dans le village.

Les pensées de Pierre se bousculent dans sa tête. Nous sommes vendredi. Comment passer la fin de semaine et arriver au lundi soir... le soir du déménagement de « 3471 » ?

Le samedi, l'Allemand les avertit qu'il sera parti presque toute la journée. Un camion vient le prendre à la fin de l'avant-midi.

Pierre apporte de la nourriture et un jeu de cartes à Rush. Jim lui montre un jeu amusant qui les occupe un moment.

Pierre prend ensuite un bout de papier

et un crayon. En quelques mots et avec des croquis, il explique à Rush le plan de l'évasion de lundi.

L'Allemand est de retour pour souper. Pierre s'installe ensuite avec son jeu de construction, ce qui fait sourire le soldat. Il explique à Marguerite qu'il a un fils du même âge, qui s'amuse avec un jeu de construction semblable. L'Allemand s'installe par terre pour aider Pierre à construire un pont au-dessus du tapis tressé.

Le dimanche passe lentement. L'Allemand reste à la maison, lisant et parlant avec Marguerite. Lorsque vient le temps d'apporter de la nourriture à Rush, Marguerite demande à Pierre d'aller lui chercher du bois. L'Allemand surveille les mouvements de ses mains.

— Qu'est-ce que vous lui dites ?

— Je veux qu'il aille me chercher du bois, réplique-t-elle en souriant.

Mais l'Allemand pointe du doigt le tas de bois de la veille.

— Oh ! fait Marguerite, je croyais qu'on l'avait tout brûlé.

Elle dit à Pierre de rester. Ce dernier essaie de ne pas avoir l'air contrarié, mais c'est difficile. Son ami va sûrement avoir faim toute la nuit.

Lundi arrive enfin. Il fait froid et venteux, et le ciel gris est rempli de nuages. Un orage se prépare.

Pierre s'approche deux fois du rivage pour regarder la mer. Les membres de la Résistance arriveront par mer de l'Angleterre pour prendre Jim Rush.

Seront-ils capables de trouver leur chemin dans la tempête ? Viendront-ils seulement ?

Vers dix-sept heures, Pierre va au hangar — il ne reste plus de bois dans la maison — et apporte au pilote américain un dernier repas.

Pierre ne reste qu'une seconde. Il pointe la montre de Rush et fait le chiffre onze avec ses mains : dix doigts en l'air, puis un seul. Rush hoche la tête.

Il fait le V de la victoire à Pierre qui répond par le même signe avant de s'en aller.

Vers dix-huit heures, il fait déjà noir. L'horloge de la cuisine tictaque lentement pendant qu'ils mangent. Il ne reste que cinq heures avant l'heure du rendez-vous.

— Restez-vous à la maison, ce soir ? demande Marguerite au soldat.

— Oui, dit le soldat. Pourquoi me demandez-vous ça ?

— Parce que nous avons... une surprise pour vous.

L'Allemand regarde Pierre.

— Quel genre de surprise ?

— C'est un cadeau, dit Marguerite avec un sourire. Pierre va vous l'apporter tout à l'heure.

Vers vingt-deux heures, on entend le mugissement du vent à la porte. L'orage n'est toujours pas arrivé, mais il approche. Installé au salon, Pierre joue avec ses blocs pendant que le soldat écrit une lettre à sa famille. Marguerite se lève finalement en bâillant.

— C'est l'heure d'aller au lit, annonce-t-elle.

Elle embrasse Pierre et souhaite une bonne nuit au soldat. Puis, elle s'en va dans sa chambre.

Pierre emporte son jeu près du soldat.

Une fois qu'ils ont fini de construire une espèce de château, Pierre se rend dans la cuisine. D'une barrique cachée dans le placard, il verse du cidre dans une tasse d'étain. L'horloge de la cuisine indique vingt-deux heures quinze.

L'Allemand prend un air surpris lorsque Pierre revient avec le cidre mousseux. Il avale une gorgée, puis sourit au garçon.

— C'est donc ça la surprise ! Je n'ai pas bu de cidre depuis très, très longtemps.

Un peu plus tard, Pierre retourne à la cuisine et verse une deuxième tasse de cidre. Cette fois, il tire un papier replié de sa poche.

Marguerite a bien écrasé les deux comprimés. Pierre verse la poudre dans le cidre en brassant. Il regarde l'horloge encore une fois. Vingt-deux heures trente.

L'Allemand sourit à Pierre qui revient. Une autre tasse de cidre ! Il est ravi.

Pierre lui sourit, tout en souhaitant que la poudre n'ait pas de goût. L'officier avale une gorgée, puis une autre. Il se met bientôt à bâiller. Il laisse soudain tomber le petit bloc de bois qu'il tenait à la main.

— Qu'est-ce qui me prend, ce soir, petit Pierre? demande-t-il en allemand en bâillant de nouveau. Pourquoi suis-je si fatigué?

Pierre rit et bâille à son tour. L'Allemand prend une autre gorgée de cidre. Il tombe soudain, face contre la table, et les petits blocs s'éparpillent sur le plancher.

Marguerite sort alors de sa chambre. Il ne reste que cinq minutes avant l'heure fatale. Les pilules ont agi juste à temps.

Elle secoue l'Allemand pour s'assurer qu'il est bien endormi.

— Reste ici, Pierre, ordonne-t-elle à son neveu, Je vais aller chercher l'Américain.

Une fois au hangar, elle retire les planches et Rush grimpe à l'échelle. Il prend Marguerite dans ses bras.

— Je ne vous oublierai jamais, vous et Pierre, dit-il. C'est le garçon le plus brave que j'aie connu. Dites-lui. Toute ma vie, il restera mon ami. Il faut que je lui dise au revoir.

— Non! dit Marguerite. On n'a pas le temps.

Mais Rush est déjà à mi-chemin de la maison. Marguerite court derrière lui.

Pierre sursaute lorsque Rush entre. Puis il sourit, heureux de saluer son ami.

L'horloge indique vingt-trois heures.

— Dépêchez-vous, dit Marguerite en arrivant. Nous devons partir !

— Je veux te donner quelque chose, Pierre, dit le pilote en détachant sa montre.

Pierre est étonné ; il n'a jamais eu de montre. Mais il fait non de la tête en repoussant la main de l'Américain. Il ne peut pas prendre la montre.

— C'est trop dangereux, explique Marguerite. Vous ne devez laisser aucune trace.

— Vous avez raison, dit Rush qui serre la main de Pierre une dernière fois. Je n'oublierai jamais ce que tu as fait pour moi, Pierre.

— Nous devons y aller, le presse Marguerite en conduisant le pilote à l'extérieur.

Puis elle rentre et reste à la fenêtre avec Pierre.

Habillés de noir comme des pêcheurs, deux membres de la Résistance sortent de l'ombre ; l'un d'eux est madame Claudel. Ils entraînent Rush vers la plage.

Un petit bateau doit les attendre pour les emmener en Angleterre en traversant la Manche.

Les ombres se déplacent dans le noir ; l'une d'elles se retourne pour regarder en arrière. C'est Rush, la main levée, faisant le signe de la victoire. Puis, les ombres disparaissent.

Marguerite serre Pierre dans ses bras. Ils regardent tous deux l'Allemand endormi qui ronfle, tout avachi sur la table.

— Viens, dit-elle à Pierre. Transportons-le dans son lit. Il l'a eue sa surprise. Il ne doit jamais savoir ce qui s'est passé durant son sommeil.

Chapitre 8

L'avenir nous appartient

Les jours suivants, Pierre passe de longs moments à regarder l'océan fouetté par le vent cinglant. Rush est-il en sécurité ?

Tôt ou tard, la Résistance d'Angleterre enverra un message. Il leur dira si l'évasion a réussi... ou échoué.

Un matin, dans la classe de monsieur Croteau, Gabrielle lève sa main.

— Excusez-moi, monsieur, commence-t-elle. Hier soir, mon père m'a demandé si je pouvais me rappeler une ligne d'un poème.

— Quel est ce poème ? demande l'instituteur.

— C'est au sujet de Napoléon, dit

Gabrielle. Ça commence comme ça :
« L'avenir... », mais je ne me rappelle pas le
reste.

L'instituteur sourit.

— Est-ce cette ligne ? fait-il en se rendant au tableau où il écrit : « L'avenir,
l'avenir m'appartient. »

— Oui, c'est ça, répond Gabrielle.
Merci.

— Ça me fait plaisir, dit monsieur
Croteau en jetant un sourire rapide à Pierre.

Cette ligne d'un poème est le message
de la Résistance, celui qu'ils attendaient. Il
signifie que Rush est arrivé sain et sauf en
Angleterre !

Après cela, la vie reprend comme avant.
La nourriture est rare. Les Allemands occu-
pent encore le village. Le soldat habite toujours la maison de Pierre. Tous les soirs, lui
et le garçon s'amusent avec le jeu de construction. Mais le soldat n'accepte plus de
cidre.

Pierre pense souvent au pilote américain. Personne au village, sauf quelques
membres de la Résistance, ne sait ce qui est
arrivé.

Pour Pierre, rien ne sera jamais plus pareil. Il ne peut ni parler ni entendre, mais il n'est plus le « pauvre Pierre ». Il a sauvé la vie d'un pilote américain. Il n'a plus peur d'André Moulet. D'une façon ou d'une autre, les autres enfants savent qu'il a changé.

Lorsqu'il marche vers l'école à présent, ils ne l'embêtent plus. Un jour, alors qu'André Moulet commence à taquiner un des plus jeunes, Pierre intervient et André prend la fuite.

Une autre fois, Gabrielle s'assoit près de lui. Elle lui montre un livre qu'elle est en train de lire. D'autre enfants s'approchent ; l'un d'eux lance un ballon à Pierre que ce dernier lui renvoie. Après cela, Pierre joue régulièrement avec les autres enfants.

Noël approche et le soldat allemand est retourné dans ses quartiers. Pierre est presque triste de le voir partir. Mais pas Marguerite. Elle n'aime aucun Allemand.

Le soir où il est parti, Marguerite a ouvert sa radio et écouté les nouvelles qu'elle a traduites à Pierre.

Les avions allemands bombardent alors

des villes dans le nord de l'Angleterre. La destruction est horrible.

— Les Allemands gagnent-ils ? demande Pierre.

— Pour le moment, c'est Hitler qui gagne la guerre, réplique sa grand-tante. Mais je ne crois pas qu'il sera vainqueur. Le monde ne laissera jamais un fou pareil l'emporter.

— Qui va l'arrêter ? demande Pierre.

— Des bonnes gens... comme toi, monsieur Croteau, moi... et le pilote américain.

Pierre embrasse sa grand-tante.

Plus tard cette nuit-là, alors que Pierre est couché, la maison se met à trembler. Il court à la fenêtre. Les avions anglais sont de retour !

C'est une nuit froide et claire, contrairement à celle qui leur avait amené Rush. Pierre reste longtemps à la fenêtre pour observer les éclairs du combat dans le ciel. Comme les autres fois, il guette les avions qui pourraient s'écraser.

Mais aucun pilote n'est abattu cette nuit-là. Lorsque le raid est terminé et que les avions reprennent la direction de l'Angleterre, Pierre salue lentement.

« Un jour, la France sera libre à nouveau. L'avenir, l'avenir nous appartient. »

se dit-il en pensant à son ami américain venu du ciel.

Au sujet de la Résistance

Un héros silencieux est basé sur une histoire vécue. Entre 1940 et 1944, Pierre et d'autres membres de la Résistance ont secrètement combattu les Allemands en France.

Ils posaient des bombes partout où ils le pouvaient. Parfois, ils les glissaient dans des pains qui éclataient quand on les tranchait.

Des fers à repasser comme celui de Marguerite étaient utilisés pour dissimuler des radios. Quelquefois, ces radios étaient enfouies dans des théières ou des boîtes de conserve. Une femme en cacha une dans une cage d'oiseau. Un homme cacha la sienne dans son dentier !

Pour soutenir leur armée, les Allemands s'emparèrent des usines françaises qui fabriquaient des bombes et d'autres armes. Des membres de la Résistance obtinrent des emplois dans ces usines de façon à provoquer des accidents et ralentir l'effort de guerre allemand.

Quelquefois, ils s'y glissaient en pleine nuit et posaient des bombes. Lorsque ces bombes éclataient, toutes les autres bombes de l'usine faisaient de même.

Plusieurs membres de la Résistance travaillaient comme cheminots. Ils faisaient sauter les trains et changeaient les signaux « arrêt » et « marche » de façon que les trains se frappent ou déraillent.

Ils utilisaient aussi une graisse spéciale qui devait faire glisser les pièces les unes sur les autres. Mais ça ne marchait pas. Lorsqu'on la mettait dans les moteurs, elle les brisait. Plusieurs trains allemands furent détruits de cette façon.

La Résistance travaillait de pair avec les Britanniques et, plus tard, avec les Américains. Les États-Unis se joignirent à la guerre en décembre 1941, plus d'un an après la défaite française.

En juin 1944, les troupes alliées débarquèrent sur la côte de Normandie, près du village de Pierre. Les Allemands tentèrent de les repousser à la mer, mais ils ne possédaient pas assez de chars d'assaut et de soldats. Il fallait envoyer plus de troupes et d'armes allemandes par trains vers le nord de la France.

Mais les forces de l'air américaines et britanniques étaient prêtes. Elles bombardèrent les routes et les chemins de fer qui conduisaient dans le nord de la France. Les soldats alliés furent parachutés en France. Ils firent sauter les ponts, coupèrent les lignes téléphoniques et combattirent les soldats allemands.

La Résistance fit aussi sa part. Plusieurs combattants vivaient en petites bandes dans les bois. Ils en sortaient et attaquaient les trains et les soldats allemands. Ils faisaient sauter les trains et causaient des accidents. Ils détruisaient les ponts et bloquaient les routes. Les membres de la Résistance qui conduisaient les trains s'efforçaient de se rendre le plus lentement possible en Normandie. Plusieurs trains furent retardés pendant des jours et même des semaines. Les trains allemands ne purent pas arriver à temps en Normandie pour stopper les Alliés.

Les Alliés pénétrèrent plus avant en France. Ils reprirent Paris aux Allemands en août. Peu après, les Allemands furent chassés de France. En mai 1945, Hitler était mort et les Nazis avaient été défaits.

Table des matières

Dans la même collection

Inondation dévastatrice

La digue qui surplombe Johnstown s'effondre. Un énorme mur d'eau déferle dans la vallée balayant tout sur son passage. Des milliers d'hommes, de femmes et d'enfants doivent livrer combat pour survivre.

Le récit incroyable des événements, heure par heure, entourant l'un des pires désastres à survenir en Amérique du Nord.

Comment s'est-il produit? Et comment aurait-il pu être évité?

Un récit stupéfiant qu'il faut lire pour le croire!

Terreur dans les tours

Le 26 février 1993, c'est l'heure du dîner. Une énorme explosion secoue le World Trade Center de New York.

L'explosion crée dans l'édifice un cratère de 60 mètres de largeur. Elle est si puissante qu'elle soulève des gens de leurs chaussures. Puis, les lumières s'éteignent. Les ascenseurs s'arrêtent brusquement. Une épaisse fumée noire envahit les escaliers. Et des milliers de personnes sont prises au piège, dans l'un des édifices les plus hauts du monde.

Comment ces personnes vont-elles réagir ? Quelles seront leurs réactions devant le danger ?

Voici l'histoire extraordinaire de gens bien ordinaires qui se sont comportés en véritables héros.

Aventure en Alaska

Personne ne croit que Libby peut remporter la course d'Iditarod, la plus longue et la plus difficile course de traîneaux à chiens au monde.

Avec sa courageuse troupe de chiens, elle doit se mesurer à la nature sauvage de l'Alaska sur une piste de près de 2000 kilomètres.

Des loups affamés et des orignaux la guettent. Des vents soufflent à plus de 110 km/h et la température descend à -50 °C.

Comment va-t-elle survivre à ce désert de neige et de glace ?

Va-t-elle pouvoir terminer la course ?

L'histoire incroyable, mais vécue, d'une jeune femme qui n'a pas froid aux yeux.

La vedette de l'histoire c'est *toi* !

Ce qui t'arrive dépend entièrement de tes décisions.
C'est toi qui diriges l'action de l'histoire.
**N'hésite plus un instant, deviens le héros de
« *Choisis ta propre aventure* ».**

Voici quelques aventures auxquelles tu peux participer:

- #17 *Les monstres du potager*
- #18 *Aventure dans le Grand Nord*
- #19 *Naufrage sur une île déserte*
- #20 *Le tombeau de la momie*
- #21 *Expédition chez les dinosaures*
- #22 *Tu es invisible*
- #23 *La malédiction du sorcier*
- #24 *Une fête d'Halloween fantastique*

EN VENTE CHEZ TON LIBRAIRE

**Des aventures à te couper le souffle.
Chaque livre pour seulement 5,95$.**

ACHEVÉ D'IMPRIMER
EN JANVIER 1995
SUR LES PRESSES DE
PAYETTE & SIMMS INC.
À SAINT-LAMBERT (Québec)